山梨日日新聞社

ご利用の注意

- 本書に記載した各店の所在地、電話番号、料金などは原則として2018年8月末現在のものです。料金のほかにサービス料などがかかる場合もあります。
- 税込・税別の表記も各店からの情報に基づいており、消費税率の変動や食材の値段により変更されることもありますので、お出かけの際に改めてご確認ください。
- エリアごとの地図は、巻末に掲載しています。地図内の番号は、本書収録順とは異なります。
- ページ索引は、巻末地図内のエリアごとにある店名の後ろに記載されています。
- 店舗を示す地図はあくまでも一つの目安としてアクセスの参考にしてください。
- 掲載店及び内容は放送時と異なる場合があります。

出版にあたり、ご協力いただいた各店の関係者の皆さまに感謝申し上げます。

おいしさは元気の源

YBS山梨放送「山梨ライブ ててて!TV」の番組MC、三浦実夏アナウンサーに「食」についての思いを聞きました。

三浦 実夏(みうら みか)

プロフィール
2011年入社。富士吉田市出身。
趣味は吉田のうどん店めぐり、
スポーツ観戦。

巻頭 Interview

地域の食を通じて
皆さまに
笑顔になってもらえるよう
一生懸命紹介していきます。

番組でレポートする際の心構えがあれば教えてください。

「お店を訪ねて、まずオーナーやシェフの方とよく話をするように心掛けています。どういう人柄なのか、そこから距離を縮めると、食材や調理法といった一歩踏み込んだ話を聞けることがあります。コミュニケーションがうまくいくと、その後出てくるお料理の見方も変わります。人柄を知っているのと知らないのでは、料理から受ける印象が全然違ってきます。取材でこだわりを聞いたり、厨房に入らせてもらったりというのは、一般の方にはなかなか難しいかもしれません。そこはアナウンサーの特権だと思って、視聴者の皆さまの代わりに裏側をなるべく感じ取ってレポートに生かすようにしています」

ロケで現場を回っている中で、面白いエピソードなどがあればお願いします。

「山梨県産にこだわっているお店が多いと思います。都内のお店だったら全国各地から食材を集められるというのが売りになるのかもしれませんが、県産の野菜やジビエなど、メード・イン・山梨に自信を持っている方が非常に多いですね。山梨産を使い自信を持って料理を提供することに、お客さまも好意的に受け止めているのではないでしょうか。食材は、畑から採ってきたばかりのものをすぐに調理できるのも山梨の良いところです。番組の『はらペコ横丁！』が店主らの口コミによるリレーというのもあるのかもしれませんが、皆さんの横のつながりの強さを感じます。お店同士で創作料理をコラボしたり、若手の料理人会をつくっていたりと、お互いに切磋琢磨しながら、おいしさを追求していこうとする意識が高いのではないかと思います」

ロケで、食べ物の好き嫌いに困ることはないですか。

「幸い、食べ物の好き嫌いはほとんどなく、試食は完食してしまうことが多いです（笑）。

鹿肉やイノシシ肉など最初は苦手意識を感じそうな食材であっても、実際に食べたらおいしくて病みつきになるなんてことも少なくないです。とりわけ自分の好物の料理が出るとテンションが上がるみたいで、スタッフにはそれが分かってしまうようです。撮影時の『箸上げ』は、手を動かすのがアナウンサーの仕事になっています。料理をきれいにみせたいという思いから、最後まで動作に気合を入れています」

吉田のうどん店めぐりが趣味と聞きますが。

「吉田のうどんは今でも食べ歩きをしています。県外の友人らを案内することもあるので、地元を知る意味でも続けています。お店によってうどんの太さや硬さが違い、つゆも出汁が先行しているところもあれば、みそが強い場合もあります。一緒にお店へ行く方の好みに応じて、いくつか引き出しを用意しています。吉田のうどんのいいところは、手軽に食べられて、元気になれるところです。ソウルフードは食べると元気が出るような気がします。店内の雰囲気など、かしこまらないスタイルも好きです。甲府にもお店が少しずつ増えてきているので、地元の食文化がもっと盛り上がってほしいと願っています」

最後に番組を楽しみにしている視聴者の皆さまにひと言お願いします。

「私自身、食べることが大好きです。おいしいものを食べると、笑顔になれます。いやなことも忘れてしまうかもしれません。ちょっと気持ちが沈んでいると思うようなときは、『はらペコ横丁！』を見ていただき、『おいしいものでも食べて元気を出すかな』と思ってもらえたらうれしいです。番組やこの本を参考にして、『このお店は良かった』と思っていただけるようにこれからも一生懸命紹介していきたいです。山梨には良いお店がまだまだたくさんあるので、皆さまのお役に立てるように開拓していきたいと思っています」

Recommend shop
001
【 甲府市 】

季節料理 居酒屋 八兵衛

カップルで、ご家族で、リーズナブルに！

伊豆や箱根などで経験を積んだご主人の佐々木 浩明さんがさばいた、旬のお魚料理が人気のお店です。

マスターおすすめ刺し盛
1,950円

刺し盛の内容はその日の仕入れで変わるが、10種類以上も盛られています。

その他のオススメ
八兵衛サラダ　950円
米ナスの鶏味噌焼き　600円
海鮮丼　1,200円

甲府市国母3-4-9
☎ 055-228-2423
営 18:00〜26:00
　 日祝18:00〜24:00
休 木曜
税 別

imagine dining 居酒屋 今 人

Recommend Shop
002
【 甲府市 】

女子会などグループでの飲み会に人気！

サントリーからビールの超達人店山梨第一号に認定されており、美味しい生ビールが飲めるお店。

今人の人気メニューは新感覚!?
石焼茶漬け 370円

見た目はビビンパ。だけど、出汁をかけていただくのでお茶漬けなんです！韓と和がうまく融合して、ふぅふぅしながら、食べていてもあっと言う間に平らげてしまう美味しさですよ。

その他のオススメ
4種のネバネバ山かけ　600円
チキンと野菜のしょうゆ糀炒め　600円
アボカドと生ハムのマリネ　670円

甲府市上石田4-8-28
ゆうきタウン内
☎ 055-242-7116
営 17:00～25:00
休 日曜
税 別

【 甲府市 】

しちりんやき 三叉路

美味しいお肉を七輪で!

2002年にオープンした焼肉店。お肉を七輪で焼くので炭の燻煙効果も手伝って、より美味しくいただけます。

松セット 4,280円
（上タン、上カルビ、上ロース、上ミノ、中落カルビ、野菜焼き）

30名可の座敷もあるのでご家族連れをはじめ、無尽会、ご宴会等でご利用いただき、楽しい時間をお過ごしください。

その他のオススメ
黒毛和牛（A4、5クラス）。
ホルモン焼きや、海鮮焼き、石鍋を使った熱々のうどんなど、メニューを豊富にそろえています。

甲府市住吉3-30-13
☎ 055-228-0056
営
月～土 17:00～23:30(LO23:00)
　日 17:00～22:30(LO22:00)
休 水曜
税 別

手打ちうどん いち

人気店で修業を積んだうどん

2012年にお店をオープンして以来、たくさんのお客さんに愛されているうどん。

004

【 甲府市 】

肉天わかめ 580円

トッピングは20円からあります。オススメの全部のせでもリーズナブルです。ぜひ一度、ご賞味ください。

その他のオススメ

肉ねぎつけ	520円
天わかめ	470円
肉めし	230円
全部のせ	680円

甲府市里吉4-14-14
☎ 055-235-5811
営 11:30〜14:00
　 18:00〜20:00
　　※金曜日は昼のみ営業
休 月曜（祝日でも休）
税 込

【 甲府市 】

中華そば・つけ麺 三角屋 暖

老舗「三角屋」から受け継ぐ味

笛吹市で100年続く中華そばの名店『三角屋』の暖簾分けのお店です。

オススメは、
鶏白湯 暖つけ麺
730円

パイタンスープの旨みとコラーゲンたっぷりが人気です。また本店の『三角屋』伝統のラーメンは情熱がたっぷり受け継がれ、一度食す価値ありです!!

甲府市城東4-13-31
☎ 055-237-8850
営 11:00～14:30
　 17:30～21:00
休 木曜
税 込

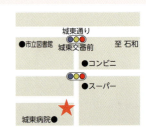

魚竹鮨

新鮮で美味しい魚が味わえる

お店で腕をふるっているのは吉田寿彦さんです。お店のこだわりは、築地から取り寄せている新鮮なマグロ!!

Recommend Shop
006
【 北杜市 】

自慢の握り
上すし 2,000円

脂の乗ったトロ、そして色鮮やかなネタが並びます。

その他のオススメ
一番人気はさしみ定食 1,200円
ナント!!毎週火曜日は定食全食が嬉しい割引サービス!!
ぜひご利用ください。

北杜市高根町
箕輪新町818
☎ 0551-47-3209
営 11:00～14:00
　 16:00～21:00
休 木曜・第3水曜
税 別

Recommend Shop
007
【 北杜市 】

かつみ食堂

熱々の鉄板で焼くジンギスカン定食が人気!

ご主人の佐藤哲さん。良質なお肉を探し求めた結果、現在はオーストラリア産の生のラム肉を提供しているそうです。

自慢のメニューは
生ラムジンギスカン定食
1,200円

定食メニューが豊富な中、人気はジンギスカン!!色鮮やかなお肉を熱々の鉄板でいただきます。

「2019年に当店は創業50周年を迎えます。生ラムは柔らかくてクセが無く、美容や健康にも良いので特に女性にオススメしたい逸品です」とご主人。

北杜市小淵沢町
上笹尾3600
☎ 0551-36-2450
営 11:30〜13:30 (LO)
　 17:30〜20:30 (LO)
休 日曜
税 別

アンソレイユ

【 北杜市 】

地元の食材にこだわった本格イタリアン

"陽だまり"を意味する「アンソレイユ」。その名の通り、日当たり抜群の店内で腕をふるうのは、ご主人の安藤哲治さん。

北杜市産の野菜をたっぷり使った
コース料理 **3,200円**
（コーヒー付）

メインは子羊の肉をローストしたもの（単品は2,600円）。ナイフがスッと入る、柔らかいお肉にフォークが止まらない大満足の一品。
地産地消にこだわった本格イタリアンをぜひご堪能ください。

その他のオススメ
メニューには載っていない大人気の裏メニューもあります。

北杜市小淵沢町10258-5
☎ 0551-20-5110
営 11:30～14:30
　 17:30～21:00
休 月曜
税 別

【 昭和町 】

Hungry Gate

おすすめはハンバーグ!女性に人気の洋食屋

国産のお肉を使った、ふわっとジューシーなハンバーグが人気のお店。店主の浅川直樹さんにオススメを聞きました。

ハングリーハンバーグ
1,100円(ランチ価格)

コーンクリームとデミグラスソースをたっぷりかけた、絶妙な一品です。

その他のオススメ

トマトソースのオムライス1,100円(ランチ価格)。
"腹ペコ"の方は100円プラスで大盛りが注文できます。

昭和町西条5219-2 2F
☎ 055-275-1766
営 11:30〜14:30
  18:00〜22:00
休 月曜(不定休あり)
税 込

カフェ&デリ Temps Calme

見た目もかわいくて美味しい

オーナーは木村瑞穂さん。店内は女性オーナーらしい演出がちりばめられて、女性に大人気です。

Recommend Shop
010
【 昭和町 】

お店の一番人気は!!
フレンチトースト
700円

ブタさんの形をしたクッキーがかわいらしいですね!

その他のオススメ

生ハム・モッツァレラ・アボカドのジェノベーゼカッペリーニ 1,200円。夏にオススメの冷製パスタです。
他にもイタリアンホットサンドのパニーニも人気。自家製パンにいろいろな具とチーズを挟み、高温でパリッと焼き上げられています。

昭和町西条5290
プロムナードN101
☎ 055-275-1740
営 11:00〜23:00
　（LO22:00）
※日曜は18:00にClose
休 無
税 込

【 中央市 】

イタリアンダイニング LUCCOTI

イオンモールから車で5分のイタリアンのお店

ディナータイムは落ち着いた雰囲気の中で、イタリアンを気軽に楽しめます。

"4種類のチーズがのったピザ"という名前の
クワトロフォルマッジ
1,380円

おススメのクワトロフォルマッジはチーズの深い味わいが口の中に広がり、ハチミツをかける食べ方もまた絶品です!

その他のオススメ
ワインやカクテルといったアルコール類はもちろん、ノンアルコール類も数多く取り揃えています。

中央市布施3386-1
☎ 055-274-8477
営 11:30〜15:00(LO14:30)
　 18:00〜23:00(LO22:30)
休 木曜
税 込

CAFE & WINE TROLL

ワインと合わせて地元食材を楽しめる

県産食材を生かした料理やワインを中心に楽しめます。オーナーの山角隆広さんにオススメを聞きました。

Recommend Shop
012
【 甲府市 】

ふわふわ〜でとろとろ
スフレパンケーキ 800円

スフレパンケーキは手間がかかるため、カフェタイム限定です。

その他のオススメ

オマール海老のトマトパスタ1,200円もおすすめ。本格エスプレッソマシンによるオリジナルブレンドも楽しめます。

甲府市中央1-5-6
デュオヒルズ甲府1F
☎ 055-225-6520
営 ランチ　11:00〜14:00
　　カフェ　14:00〜18:00
　　ディナー18:00〜24:00
休 火曜
税 別

【 昭和町 】

肉処 寅 竜

希少部位のお肉などを提供

焼肉屋さんではなく「肉処」という、肉に特化しているからこそ食べられるメニューの数々が魅力のお店。

寅竜セレブ盛り 2,900円

オススメは特選タン・上タン・特選肉・和牛上カルビなどの選び抜かれた11種11枚盛合せ。代表を務めるのは、中澤勇人さんと斉藤竜一さんの幼馴染みのお二人。特に希少部位のお肉であるため「めがね」は、あらかじめ聞いてみるのも良いかも…。

その他のオススメ
ホルモンMIX盛り1,100円などセットメニューも人気です。

昭和町清水新居239-1
ホサカタウン103
☎ 055-226-9981
営 火～土18:00～2:00
　　日　　17:00～1:00
休 月曜（祝日の場合は営業）
税 別

SPOON Garden

明るくて開放的な店内でティータイム

地元の女性客に人気なお店。
おすすめは、40〜50種類の違うフレーバーティー。

Recommend Shop
014
【 北杜市 】

地元の女性客に人気な
TEA FREE
700円

席数は44席と広めで、ゆったりと食事やティータイムを楽しめます。紅茶と一緒にいただきたいのが国産小麦、天日塩、淡路島産卵を練り込んだ生パスタ。

その他のオススメ
季節の野菜たっぷりパスタ1,500円は、モチモチの麺に旬野菜の旨味が染み込んだ優しい味わいです。

北杜市須玉町
若神子2604-1
☎ 0551-45-8666
営 11:00〜22:00 (LO21:00)
※ランチ 11:00〜15:30
休 無 (年末年始を除く)
税 別

【 甲府市 】

レストランバー アルフィー

料理とお酒と音楽のダイニングバー

1985年にピアノバーとしてオープン。上質な音楽とともに、美味しいお酒を楽しめるお店。料理も充実しています。

今回紹介するのは、中国の鍋料理
薬膳火鍋コース
3,500円

2つに仕切った、紅白のスープが特徴の火鍋。シメまでおいしく、一度で何度も楽しめる絶品火鍋でした。

その他のオススメ
他の料理も充実していて、なかでもパスタはどれもおいしいと評判！

甲府市中央4-3-19
☎ 055-233-0300
営 18:00～26:00
※日曜・祝日は
　深夜24:00まで
休 月曜
税 込

山梨日日新聞社の本

お店からお店へリレー方式で紹介される
同コーナーの雰囲気をそのまま一冊に！
「そのいち」ではスタートからの約100店を紹介

A5判120ページ　フルカラー　定価1,200円+税

好評発売中!!
山梨日日新聞販売店、
各書店にて

Recommend Shop
016
【 甲府市 】

鉄板 genten

おしゃれで落ち着ける空間で鉄板焼きを

店主は小林巧さん。木と漆喰、そして土壁で作られた店内は、ゆっくりとくつろいで食事が楽しめる空間です。

格別のおいしさ!!
極上黒毛和種雌牛の
赤身ステーキ 4,800円

鉄板焼きは少し敷居が高いイメージがありますが、ご主人曰く、気軽にお越しください。

その他のオススメ

旬の食材にこだわった料理はもちろん、煮込み料理や燻製料理などメニューが豊富です。またドリンクメニューも充実してます。

甲府市北口2-4-15
☎ 055-288-0203
営 18:00～24:00
　（LO23:00）
休 水曜
税 別

香ほり屋

肩の力を抜いて、ゆっくりとくつろいで

店主は広瀬靖さん。ご主人こだわりのチーズとワイン、コーヒーのお店。世界各国のコーヒーカップ160客！が用意されています。

Recommend Shop
017
【 昭和町 】

お得な
コースメニュー
2,600円

合計7種類の手作り料理が楽しめるお得なコースメニュー。メイン料理の和牛スネ肉の赤ワイン煮は時間をかけてゆっくり煮込んでいるので、お肉が柔らかいんです。

その他のオススメ

一杯ずつ心を込めて入れてくれるコーヒー10種、紅茶7種をお好みのカップでゆっくりと楽しむことが出来ます。また、チーズとワインだけでゆっくり過ごすお客さまも多いそうです。

昭和町西条5200 2F
☎ 055-275-0911
営 12:00〜26:00
　（LO24:00）
休 月曜
税 込

【 昭和町 】

レストラン シェ ヒガシ

素材にこだわるシェフの本格フレンチ

閑静な場所にたたずむ一軒家のフレンチレストラン。料理の腕をふるうのはオーナーシェフの東田和昌さん。

人気の
ランチメニューは1,750円〜
ディナーは3,300円〜です

東田さんのこだわりは、「素材を妥協せず、お客さんをお腹いっぱいにする」ことだそうです。

その他のオススメ
ディナータイムのみのバースデーケーキも、おススメの一品です。

昭和町清水新居1133-5
☎ 055-237-0192
営 12:00〜14:00
　 18:00〜22:00
休 火曜
税 別

中華料理 紅 蘭

見た目、味、ボリューム全てに満足

和風の広い店内に40席。落ち着いて食事を楽しめます。ご主人は萩原健一さん。「早い・安い・うまい」にこだわり、スタッフ全員力を合わせて切り盛りしています。

019
【 甲府市 】

人気の
坦々麺 830円

秘伝の「自家製ねりゴマ」を使い、ゴマのいい香りと濃厚スープが食欲をそそります。
担々麺によく合うという梅チャーハン850円もご一緒に。

その他のオススメ

肉厚のホワイトえびに特製のオーロラソースをかけたえびマヨ850円もプリプリの食感がたまらない一品ですよ。

甲府市国母5-20-20
☎ 055-227-2300
営 11:30～14:00
　 17:00～22:00
　 （LO21:00）
休 月曜
税 込

【 甲府市 】

川田奥藤 第二分店

言わずと知れたおそばの名店

店長は名取信造さん。奥藤さんといえば、鳥もつ煮。元祖鳥もつ煮の味を、今に受け継いでいる一人です。

鳥もつ煮 691円

全国津々浦々から鳥もつ煮を求めてお客さんがやってきます。

その他のオススメ

県内外を問わず注文の多いのが、清流わさびそば1,458円。
そばの風味を存分に引き立てる芦川産の生わさびを使用した人気メニューです。ぜひお店で味わってください。

甲府市川田町484
☎ 055-232-5365
営 11:00〜14:00
　　（日曜は14:30）
　　17:30〜20:30 (LO20:00)
休 水曜
税 込

食事処 菊 水

こだわりの一品、カレーが人気

菊水の三代目大屋將仁さん。將仁さんの祖父が、およそ80年前に開いた歴史あるお店。

021

【 甲府市 】

カレーライス 780円

先代のお父さんが家でも作ってくれたという直伝のカレーライス。少し辛口ということで、卵と混ぜてマイルドにしていただくのがおすすめ。

その他のオススメ

もりそば580円。
つゆ、麺ともに店長自らの手づくりで人気。
焼酎などのお酒のお供に、もりそばを注文して食べる常連さんが多いという。

甲府市湯村3-10-1
☎ 055-252-2255
営 11:30～13:30
　　17:30～21:30
　　（LO21:00）
休 火曜
税 込

Recommend Shop 022
【 甲府市 】

甲州地どり くだん

こだわって仕入れた新鮮な甲州地どりを使用

お店を切り盛りするのは、料理人歴15年目の雨宮あきらさん。
使用される鶏肉は全て県産の甲州地どり。新鮮素材が自慢です。

ご主人のおすすめは
串おまかせ3種
670円〜

せぎも（鳥の背についている腎臓）・砂肝・ハツ等、その時の状況によって内容が異なる人気メニューです。備長炭でじっくり火を通すことで肉の旨みを引き出し、味付けは塩のみ。1羽仕込みにこだわるからこその貴重な一串！他店ではなかなか食べられない部位もあるそうです。

その他のオススメ

日替りのおすすめメニューも多数あります。
見逃せません！！

甲府市丸の内2-10-12
マルマンビル1F
☎ 055-222-2160
営 17:30〜23:00 (LO)
休 日曜（予約時のみ営業）
税 込

コットンクラブ

ランチバイキングも楽しめる

40年近く、甲府市中心街のジャズ文化を支えてきた「コットンクラブ」。夜はお店に行けないという方におススメのランチバイキングはいかがでしょうか？

【 甲府市 】

人気な
インドカレーバイキング
750円

ランチタイムに、ボリューム満点でリーズナブルに楽しめるインドカレーバイキング。おかわりは自由です。調理は本場北インド出身のシェフ、ラワット・ロシャン・シンさんが腕をふるいます。
建物は、実は元銀行。特殊な造りが抜群の音響効果をもたらし、一流ミュージシャンの演奏が楽しめるJAZZクラブとして長年ファンに愛され続けています。

甲府市中央4-3-20
☎ 055-233-0008
営 11:00～15:00
　 18:00～24:00
休 日曜
税 込

Recommend Shop 024
【 甲府市 】

うなぎ処 大 善

出来あがった「うな重」はふっくらふわふわ！

創業1970年、店内は落ち着いた雰囲気。お店を切り盛りするのは有野博明さん、千里さんご夫婦。

一番人気の
うな重（上） 3,200円

身が柔らかいと言われる宮崎県産のうなぎを厳選。50年近く継ぎ足しの秘伝のたれをくぐらせた一品。

その他のオススメ

うなぎを白焼きにしてにんにくとポン酢で絡めた、鰻たたき風1,000円や、甘辛いソースとネギが絶品のうなたき900円、うなぎの旨味が凝縮されたうなぎの串揚げ900円。

甲府市緑が丘1-2-14
☎ 055-251-0017
営 11:00～14:00
　 17:00～21:00
休 日曜
税 込

うどんのこいけや

【 甲斐市 】

地粉で打つ飴色の麺が特徴の武蔵野うどん

たまたま出張で食べた、埼玉や東京多摩地区のご当地うどん「武蔵野うどん」に人生を変えるほどの衝撃を受けたという店主の小池雅彦さん。

一番人気は、
田舎汁うどんスペシャル
830円

国内産地粉を2種類ブレンドし、全粒粉を入れた麺は、きのこと野菜15種類が入った汁とのバランスが最適と好評。
ぜひ一度お試しください。

甲斐市竜王1045-1
☎ 055-279-0061
営 11:00〜14:30
休 月曜(祝日を除く)
税 込

026

【 甲斐市 】

ボッテガ ディ ユリ

ゆったりとした空間で楽しんでほしい

店名の「ボッテガ ディ ユリ」とは、ユリさんのお店という意味だそう。出迎えてくれたのは、藤原由理子さん。

ポーチド・エッグ付
ガレット 1,700円
(スープ、前菜2〜3品、ドリンク付き)

写真上、ドリンク付1,300円〜もあります。
キッチンは家庭仕様のオープンキッチンのため、アットホームな雰囲気。日差しがふんだんにさし込む明るい店内は、ゆっくりとお料理を楽しむのに最適です。

その他のオススメ
ランチコース1,200円（ドリンク付）
ランチコース1,600円（スープ、前菜2〜3品、ドリンク付）
※ドリンクのみのランチは予約不可
※ガレット以外のメニューの注文はサラダ付

甲斐市大下条978-5
☎ 090-7210-9335
営
ランチ 11:30〜14:00 (LO)
カフェ 14:00〜
ディナー 18:30〜21:00 (予約制)
休 日・月曜
税 込

32

つぐら舎

様々な人の交流の場になっています

店主は甲州市の観光案内所勤務を経て独立、街を盛り上げる一助になればと、街の案内所兼カフェをオープン。

【 甲州市 】

おすすめランチ
1,000円

甲州市で育てられたワイン豚のハンバーグ。
トマトベースのさっぱりソースが、女性に人気。

その他のオススメ

常連客に人気なのは、イチゴのパンケーキ。チョコレートの苦みや、甲州市産のイチゴの甘酸っぱさが抜群に合う一品。

甲州市勝沼町勝沼2997
☎ 0553-39-8915
営 11:00〜18:00
休 火曜
税 込

【 甲州市 】

味処 そばの実

「道の駅 甲斐大和」内にある食事処

ご主人は渡辺雅人さん。県内のおそば屋さんで10年ほど修業を重ね、こちらで腕をふるっています。

天目そば 840円

「天目そば」の由来は、地元から名前をいただきました。甲州市産のそば粉のみを使用しています。自然を満喫できる地域です。おいしい空気を吸って風味豊かなおそばをご賞味ください。

甲州市大和町
初鹿野2248
☎ 0553-48-2227
営 11:00〜17:00
　※そばがなくなり次第、
　　閉める場合があります。
休 木曜
税 込

勝沼食堂・パパソロッテ

甲府盆地を一望しながらワインと食事を楽しめる

酒屋さんのソムリエとも呼ばれるワインアドバイザー。その選手権で日本一に輝いた長谷部賢さんがプロデュースしたお店。

Recommend Shop
029
【 甲州市 】

勝沼食堂特製
パスタランチ
1,890円

マネージャーを務めているのはソムリエの資格を持つ坂口健さん。パスタランチは、日替わりパスタにオードブル、さらにはパンやサラダ、デザートがついた人気のセット。『ワインに合う料理』をテーマに、旬の食材を使いながら、ワインとお食事を甲府盆地を見下ろしながらお楽しみいただけます。お気軽におでかけください!

甲州市勝沼町
菱山3557-6
☎ 0553-39-8763
営 11:00〜14:00 (LO)
　 17:30〜21:00 (LO)
休 火曜
税 込

【 昭和町 】

レストラン ラ・クール

ブライダルでも人気のあるフレンチレストラン

緑豊かなガーデンを見渡せる落ち着いた雰囲気。腕をふるうのは、本場フランスで経験を積んだシェフ・今井久さん。

驚きのシェフおまかせメニュー
デギュスタシオン
コース 8,000円

※写真はイメージです

シェフおまかせメニューなので、心躍る料理が続々登場。そしてメインディッシュは、「和牛もも肉のロースト」。
みなさんもエレガントな空間でお気軽にフレンチをお楽しみください。

昭和町飯喰413-1
☎ 055-268-0660
営 ランチ
　　12:00～15:00（LO13:30）
　　ディナー
　　18:00～22:00（LO20:00）
休 火・水曜
税 別（サービス料込）

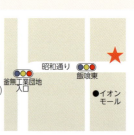

ローズファーム

地元の食材を使った手作り料理を楽しめる

こだわりの雑貨と地元の食材を豊富に使った手作り料理が楽しめるカフェレストラン。店主は岩内利津子さん。

【 笛吹市 】

しか肉のボロネーズ風ピザ
1,100円
(サラダ&スープセット)

良質なしか肉を使用した人気の一品。
さらに、ドッグランが併設されていて、愛犬と共に訪れるお客さまが多い。
心和む優しい時間を過ごせます!

笛吹市御坂町
下黒駒1839-1
☎ 055-264-2271
営 10:30〜17:00 (LO16:30)
ランチ 11:00〜15:00 (LO14:30)
休 火、水曜
　(夏は変更があります)
税 込

【 笛吹市 】

マルサマルシェ クッキングスタジオ

とっても広くて開放的でおしゃれな店内

農園が営むマルサマルシェさんは、お料理を普通にいただくだけじゃなく、農作業や調理体験ができる体験型のカフェ。

今回作ったのは、ピザ 2,000円

ランチで提供しているピザ800円〜を手作り体験可能。
(季節によりフルーツやトッピングは変更あり)
ピザは生地作りから…。チーズをたっぷりのせて、オーブンでこんがり! 熱々のうちに♪
旬の素材のおいしさをカフェで伝えたいっていつも考えている、とのことです!!

その他のオススメ
農園で採れたフルーツを使ったパフェ作り体験。

笛吹市一宮町末木238
☎ 0553-47-4447
営 9:00〜17:00
休 月曜
　（祝日の場合は営業）
税 込

こくぶ亭

山梨名物ほうとうだけじゃない、とんかつも人気

店内は木のぬくもりを感じる落ち着いた雰囲気。雨宮さん親子が切り盛りするアットホームなお店。

Recommend Shop
033
【 笛吹市 】

こくぶ亭名物、
焼きトンカツ1,550円

味の決め手のソースはデミグラスソース。1週間、煮込んで作られている。
「リーズナブルな値段で食事を提供し、大勢のお客さんに来ていただけるようになっていきたいです」と店主。

その他のオススメ
おやじほうとう1,400円は、辛味のきいた肉が食欲をそそる。昔から家庭で作られてきた、おふくろほうとう1,300円は県内外問わず人気！！

笛吹市一宮町国分482
☎ 0553-47-2951
営 11:00〜16:00
　 17:00〜20:00
休 水曜
税 別

【 笛吹市 】 034

カフェ ココチ

桃畑の中にある小さなカフェ

オーナーは深川由佳さん。ご自宅の一角がカフェスペースです。服飾関係のお仕事をされていた事もあり、お洒落な店内です。

オススメは、キャラメルワッフル 750円

自家製キャラメルソースとワッフルのサクサク食感が楽しめます。店内には、オーナー手作りのアクセサリーも展示してあります。気に入った物が見つかるかも。気軽に声を掛けてみてください。

その他のオススメ

春には桃の花を窓から眺めながらスイーツを楽しめますよ。贅沢です…。

笛吹市一宮町東原500-5
☎ 0553-47-4737
営 月・木・金 11:30～17:30
　 土・日　　 11:30～18:00
休 火・水曜
　（臨時休業有り）
税 込

レイクベイク

常におよそ50種類の焼き立てパンが揃う店内

大石公園から徒歩2分。日本家屋のような外観が印象的なお店です。こだわりは「自家製酵母で身体に優しいパンを作る」こと。

Recommend Shop
035
【富士河口湖町】

一番人気は
ナッツショコラ 300円
くるみとホワイトチョコ入り

イートインスペースでは河口湖畔ごしの富士山の絶景を楽しめますよ。

その他のオススメ
・ブリオッシュのメロンパン　250円
・モッツァレラチーズがたっぷりの河口湖ロール　330円
・数日かけて仕上げる熟成パン　550円

富士河口湖町
大石2585-85
☎ 0555-76-7585
営 10:00〜16:30
　　※カフェは15:30まで
休 水曜、第2・4木曜
　（祝日は営業）
税 込

【富士河口湖町】

CISCO

店内はアメリカ西海岸のカフェを思わせる空間

河口湖のほとりに佇む、サンフランシスコが大好きというオーナー手作りのお店です。

自慢の一品は、ハンドドリップコーヒー 480円

「サードウェーブコーヒー」とも呼ばれ、サンフランシスコで焙煎した豆のみを使用。5種類から選べる。

その他のオススメ

こだわりのコーヒーと一緒にユニオンストリートサンドイッチ1,000円や、アメリカの伝統菓子ボストンクリームパイはコーヒーにもピッタリ！全て店内で焼き上げています。

富士河口湖町小立927-1
☎ 0555-73-4187
営 9:30～16:00 (LO)
休 水曜
税 込

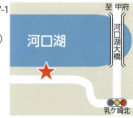

和食処 佳 幸

旬の会席料理をゆったりとした気分で

ご主人は、ふぐ調理師の資格を持つ金子和ユキさん。お客さまに季節感を目と舌でわかっていただけるように、手作りにこだわっています。

037

【 韮崎市 】

地元の食材をふんだんに使った、
昼会席(幸) 3,000円

前菜、焼き物、煮物、茶椀蒸し、揚げ物、ご飯もの、デザートと、これだけ充実した品数で、お値打ちなお料理です。

その他のオススメ
昼会席(佳)2,500円や、会席コース3,500円〜もあります。

韮崎市上祖母石778-4
☎ 0551-23-7700
営 11:30〜14:30
　 17:00〜21:30
休 月・火曜
　（祝日の場合は営業）
税 別

【 北杜市 】

グランレストラン ルミエール

こだわりの食材で本格的欧風料理

アットホームな雰囲気の店内。ご主人の高橋美昭さんと妻の公美子さんが出迎えてくれます。

長年、愛されている看板メニュー、タータンステーキ ハンブルグ風（ビーフハンバーグ）1,380円（サラダ、ドリンクセット＋200円）

和牛100％のハンバーグ、特選黒毛和牛を使った極上の逸品です。こだわりと美味しさが詰まったハンバーグ、高橋さんは、和牛の持つ脂肪の甘みを塩で引きだしているそうです。

その他のオススメ

特大エビの香草フライ1,580円（サラダ・ドリンクセット＋200円）も人気の看板メニュー。

北杜市高根町清里3545-1
☎ 0551-48-4822
営 10:30〜15:30 (LO15:00)
　 17:30〜20:30 (LO19:30)
休 水曜
税 別

La'Soba ラ・ソバ

水のみで打ちあげた十割そば

迎えてくれたのは、お店のご主人小澤愛一郎さん。こだわりは北海道知床産のそば粉です。

【 韮崎市 】

自慢の十割そば、
ラ・ソバ 920円

のどごしと食べた時の香り、つるつる感が全然違います。「女性一人でも気軽に食事が出来るように、洋楽のBGMを聞きながらゆったりとした時間を過ごせるカジュアルな空間にしました。料理も既成概念に捕われずに美味しいものを提供したくて…」とご主人。

その他のオススメ

他にはない、オリジナルメニューもご用意しています。お楽しみください。

韮崎市中田町中條1178-1
☎ 0551-25-5598
営 11:00～14:30
　 17:00～20:00
休 木曜
　（臨時休業あり）
税 別

【 韮崎市 】

勝の家

こだわりの信玄鶏や自家製の豆腐が自慢

韮崎の閑静な住宅街にひっそりと佇ずむ、純和風の隠れ家的なお店です。腕を振るうのは、この道35年の久保寺勝さん。

特製 鶏さらさら丼ランチ
1,620円
※自家製の豆腐やおからサラダ付

強火でじっくりと焼いた「信玄鶏」に甘辛のタレをたっぷりかけた照り焼き丼。
半分食べたらだし汁をかけてさらさらっといただく、一度で二度おいしい贅沢どんぶり。ご主人こだわりのどんぶり、大満足の一杯でした。

韮崎市上ノ山3803
☎ 0551-23-6323
営 11:30～15:00(LO14:00)
　 17:30～22:00(LO21:00)
休 火曜
税 込

中華料理 華宴

言わずと知れた中華の名店

暖簾を掲げて35年。その味を守って来たのは、堀ノ内清廣さん。現在は主に、息子の公太さんが厨房を切り盛りしています。

Recommend Shop
041
【 甲府市 】

よだれ鶏 730円

ご飯がすすむ一品料理の紹介です。公太さん考案のメニューです。伝統の味を受け継ぎながらも、新たな一歩を歩み出した「華宴」。一度足を運ぶ価値ありますよ！

その他のオススメ
開店当初からある定番のメニュー、エビチリ1,320円。そして舞茸のかにあんかけ960円。こちらも公太さん考案の一品。

甲府市下飯田1-4-37
☎ 055-222-9665
営 11:00～14:00
　 17:00～22:00
　（LO21:00）
休 水曜
税 込

【 甲府市 】

居酒屋 げん

夜は居酒屋、昼間のランチもおすすめ

清水康行さん、よう子さんが切り盛りしています。木のぬくもりを感じるアットホームなお店。夜は赤ちょうちんの居酒屋ですが、昼はお食事処に変わります。

お店の名物は、
限定特大メンチカツ
800円(税別)

その大きさは450グラム以上。サクサクでジューシーな仕上がり。

その他のオススメ

手作りでボリュームのあるランチは 800円！焼きサバや野菜炒めなど、10種類からメイン料理を2品選ぶ形式。ライスは武川のお米！お昼も大満足間違いなし！そして、土曜ランチはラーメンの日！！

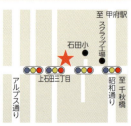

甲府市上石田3-7-12
☎ 055-228-3474
営 11:30～14:00
　 18:00～24:00
休 水曜
　（ランチは水・日曜・祝が休）
税 昼は込、夜は別

若奴食堂 中央店

【 甲府市 】

創業1964年、地域で愛される老舗食堂

現在は2代目の相沢成幸さんが腕をふるいます。日々進化するメニューは、現在およそ130種！迷ってしまいます…。

若奴の定番メニュー。
もつ煮 550円

その他のオススメ

「若奴」で、「まずこれを食べよう！ベスト3」をご紹介！
第1位 はもつ煮。豚モツを味噌でじっくり煮込みました。
第2位 とんかつ1,100円およそ200g！ボリューム満点！特製ソースをかけて！
第3位 肉ナスピーマン味噌炒め650円。ライスセット（＋150円）にして注文する方が多いそうです。
どの世代のお客さんにも満足してもらえるように頑張っています。

甲府市城東2-10-17
☎ 055-235-0709
営 11:00～15:30
　 17:00～22:30
休 日曜
税 込

044

【 笛吹市 】

酒処 しゃれ

リピーターのお客さんが多い人気の居酒屋

和モダンな造りの店内。店の代表は上田博貴さん。17歳で板前の門をたたいた"この道28年"の料理人です。

1番人気はボリューム満点の
唐揚げ 500円

ショウガ、ニンニクなどで下味をつけた鶏のもも肉を6時間寝かせたあと、160℃の油で揚げています。
友人同士の集まりだけでなく、家族連れでも気軽に利用できるお店です。

その他のオススメ
ランチメニューはうどん（500円〜）を専門で提供しています！

笛吹市御坂町成田1403-2
☎ 055-242-6822
営 11:30〜13:30
　 17:00〜23:00
休 木曜
税 別

【 甲斐市 】

食事処 とん平

味を引き継ぐ "とんかつ一筋50年"の名店です

優しい笑顔で出迎えてくれたのは店を経営する相原正紀さん、父・忠次さん、母・都志子さんです。忠次さんが甲府市中心街で20年店を構え、その後現在の場所へ移転。

看板メニューは
特上ロース定食
1,450円

甲州富士桜ポークが、どどんと350グラム。脂に甘みがあり、赤身にもサシが入っているからうま味が違う。一口目は何もつけないで食べてもらえればトンカツそのものの味がよく分かります！

その他のオススメ
エビフライ定食1,450円も人気のメニューです。

甲斐市篠原2011-6
☎ 055-279-0079
営 11:30～14:00
　 17:00～23:00
休 火曜
税 込

【 韮崎市 】

肴や くうかい

ゆっくりした時間を過ごせるおしゃれなお店
オープンして20年。居酒屋としての顔はもちろん、昼はオシャレなランチが味わえるお店として人気です。

空海カレー 980円

小麦粉を使わず、たっぷりのお野菜とお肉のスープと11種類のスパイスで出来た、お腹に優しいカレーです。メニューは日替りランチとカレーです。お一人様や女子会でもゆっくりした時間を過ごせるおしゃれなお店。

その他のオススメ
夜のメニューの中でも、アンチョビが効いたオリジナルドレッシングでいただくサラダはリピーター続出の逸品です。

韮崎市神山町鍋山343-8
☎ 0551-23-6161
営 ランチ月〜金 11:30〜14:00
　 夜営業 17:00〜23:00
　　　　　　　　 (LO22:30)
休 日曜（要相談）
　 (昼は土・日)
　 (夜営業は日・月が連休の場合、
　　日営業、月休)
税 込

郷土料理 棡原

ずらりと並んだメニューは、なんと40種類以上

店名は、長寿の村として知られる上野原市棡原からとっています。店主の辻さんと、息子の和孝さんが親子二代で守るふるさとの味です。

Recommend Shop
047
【 昭和町 】

人気なのが、平日の昼・週5日行っている
食べ放題1人 800円〜
(全コース小学生以下は100円引き、幼児300円引き、2歳以下は無料)

ほうとうや、手作り豆腐など手間暇かけられた絶品です。自慢のおそばにおすし、デザート等の『松コース』1,000円、おそば、天ぷら等食べ放題の『竹コース』900円、手作りのおばんざいが食べ放題の『梅コース』800円の3コースから選べます。

昭和町河東中島1152-1
☎ 055-275-6633
営 11:00〜14:30
　　17:30〜22:00
休 水曜
税 別
※店舗裏に駐車場完備

【 甲斐市 】

御食事処 うなぎ・釜めし 升 亭

創業1977年、おいしい和食がいただけるお店です

お店の中には独自のタレの香ばしい香りが漂います。

看板メニューは、
上うな重 3,300円〜
(ハーフサイズは1,750円)

何と言ってもうな重。器から出そうなくらいです。

その他のオススメ

アツアツの釜めし　800円〜(写真左は釜飯御膳1,650円)
お野菜のうま味と魚介、鶏肉のコクのある出汁の味が全部、よくしみ込んでいます！！ たくさん種類があるので、いろいろ試してみてはいかがでしょうか？
さらに、刺し身盛り合わせも人気！
最低8点盛りの1〜2人前が1,260円です。

甲斐市竜王1044-1
☎ 055-276-8961
営 11:30〜14:00
　 17:00〜21:30
　 (LO21:00)
休 火曜
　 (祝日の場合は翌日)
税 込

寿し割烹 勝花

【南アルプス市】

息子さんの提案から生まれた創作すしが評判

ご主人の清水さんはこの道およそ50年のベテラン。長年培った伝統の技でお客さんの舌を楽しませています。

勝花名物は
レインボーロール
1,080円

虹のような鮮やかさが、食欲をそそります。この他にも、酢飯が県産赤ワインで色付けがされている甲斐ロール（中央）や、太巻きに衣をつけて油で揚げたサクサクロール（上）（いずれも1,080円）など創作すしの数々が味わえます！！
伝統の技と新しい感性が融合した味、大満足でした！

その他のオススメ

かれいの唐揚げ750円もオススメ。

南アルプス市徳永1638-4
☎ 055-285-4443
営 11:30〜13:30
　 17:00〜21:00
休 水曜
　（祝日の場合は営業）
税 込

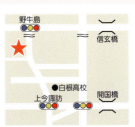

【 中央市 】

手打ちそば 美 俊

落ち着いた雰囲気の店内で本格手打ちそばを堪能

お店の代表は小林陽一さん。東京で修業を積んだ料理人です。

おススメは、天セイロそば 1,200円

彩りを添えるのは旬の野菜の天ぷら。また、添えられた「塩」でそばを食べてみると…そば本来の甘みをより一層楽しむことが出来ました！

その他のオススメ
秘伝のスパイスを使った黒いカレー800円が人気。豚肉の甘みと黒いカレーソースのピリ辛が絶妙でした!!

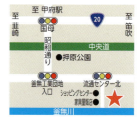

中央市山之神1529-2
☎ 055-273-3180
営 11:30〜13:30
　 17:30〜21:30
休 月曜・第3日曜
税 別

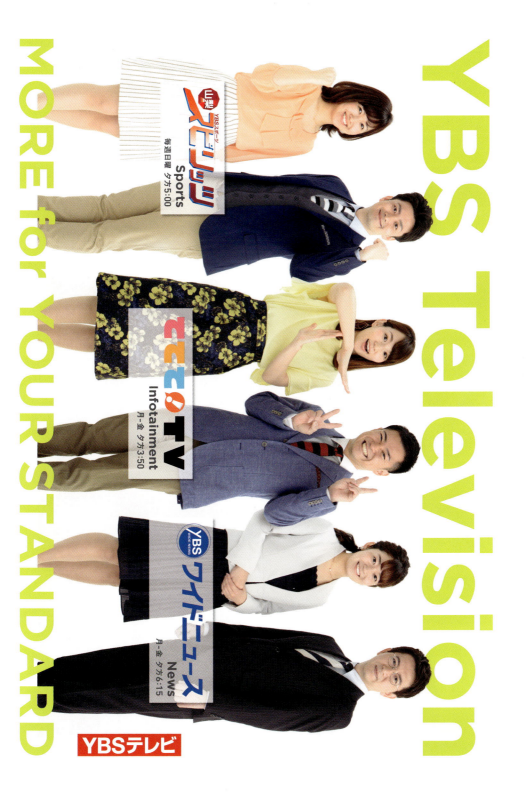

【 中央市 】

せりざわ

"安くて おいしくて サービス満点"を
モットーにしています

昼の人気メニュー
日替わりランチ 680円
10品以上がついてこの安さです！

その他のオススメ

なんと、はらペコ横丁初登場のスッポン！！高級料理のスッポン、甲羅や爪などを除いた大部分を食べることができ、美味しい出汁が出るそうです。
名物、スッポン1匹コース　10,800円 (3〜4名)。
美味しくいただきました。

中央市西花輪3486-1
☎ 055-273-5699
営 11:30〜13:30
　 17:00〜22:00
休 水曜
税 込

季節Dining SIN

052
【 昭和町 】

ひと手間、ふた手間を惜しまずに手をかける

ひと手間、ふた手間を惜しまずに手をかける。それがSINさんのこだわりです。素材にもこだわり、豆腐やお味噌も自分で作ってしまいます。

女性に大人気という看板メニュー
花籠ごはん 600円〜

美味しいものを、ちょっとずつ、いろんな種類を食べたいという、女性心が反映されています。
「いろいろな方のお力添えでここまで来られたので、感謝の気持ちでいっぱい」なのだそうです。

昭和町西条1457
☎ 055-288-0102
営 月〜金
　11:30〜14:00
　18:00〜23:00 (LO)
　土
　12:00〜14:30
　18:00〜23:00 (LO)
休 日曜
税 別

053

【 甲斐市 】

居酒屋 かつみ

自慢のメニューは昔ながらの製法で作りだすラーメン

豚や鶏ガラ、煮干しのほか、10種類の野菜をベースにスープを仕込みます。ご主人が大事にしてきた逸品。

かつみのラーメン 540円

透き通るような琥珀色に輝くスープのまさに正統派の中華そばです。

その他のオススメ

スープを使った特製料理カニ玉 755円も人気。さらに定食メニューも充実！常に10種類以上の定食が用意されていて毎日食べても満足できそうです。

甲斐市名取216-6
☎ 055-276-9055
営 11:30〜14:00
　 17:00〜22:00
休 日曜、祝日
税 別 (定食は込)

味処 夫婦

【 甲府市 】

和食のおいしいお店

ご主人の小林桂一さんは長年ホテルで和食を担当。2005年に妻の美代子(めおと)さんとお店を始め、店名は夫婦の絆から、夫婦にしようと決めました。

ボリューム満点の 日替わりの、
ランチセット 680円

この日は刺し身の3点盛りと手作りシューマイがセットに。そばかうどんが選べ、夜はプラス200円で注文できます。
「これからもお客さんに喜ばれるような料理を提供していきたいです」とご主人。

その他のオススメ
赤富士カレー680円もおススメ。10種類以上のスパイスをご主人オリジナルの配合でじっくり煮込みました。

甲府市千塚1-1-9
☎ 055-254-2313
営 11:30〜14:00
　 17:30〜23:00
休 日曜
税 込

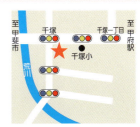

Recommend Shop
055
【 甲府市 】

華 膳

全て手作りで母の味が詰まっています

三守清海さん・斉藤由起子さん母娘が切り盛りする温かくてやさしいお店です。気軽にお越しください。

人気は、
チーズメンチカツ定食
780円

小鉢2つとサラダがついてボリューム満点。全て手作りで母の味が詰まっています。希望の方はご飯をもち麦に変更可能です。

その他のオススメ

常連さんが必ず注文するのが、餃子450円。母・清海さんが30年以上作り続ける味です。地獄ラーメン750円。辛いけど、スープのコクが絶品。

甲府市蓬沢1-10-12
☎ 055-227-5450
営 11:30～14:00
　 (LO13:45)
　 17:30～23:00
　 (LO22:30)
休 火曜
税 込

こばやし食堂

創業1978年のお店です

開店当初から店主の小林さんと奥さんの2人で営んでいます。
今回は人気のメニュー二品を紹介。

【 昭和町 】

一番人気は、お客さんの声から生まれた、
Aセット 950円

セットには自家製日本そばと、揚げたての天ぷらに濃いめのタレがおいしい天丼。
二品目は五目ラーメン680円。
透き通ったスープはダシの味が効いた懐かしい味。

その他のオススメ

ロースカツ丼（750円）や煮カツ丼（800円）も人気です。
試してみたいメニューが盛りだくさん！

昭和町押越3
☎ 055-275-2158
営 11:30～14:00
　 17:30～（夜は予約制）
休 日曜・祝日
税 込

【 甲府市 】

うなぎの竜由

創業1971年、地元の有名店

皮が柔らかく大きいことが特徴で、条件に合ううなぎを全国から厳選して提供されています。

竜由最大のこだわりが
4度焼きの
うな重(竹) 3,500円

口に入れた瞬間にほぐれるほどの柔らかさで、十分にしみたタレの美味しさを楽しめます。

その他のオススメ
ここでしか味わえない幻のうな丼がイカダ丼1,600円。実はこれ、うなぎの背中部分だけを集めたものなんです。ご主人による夢のようなうな丼！数量は限定です。

甲府市徳行2-1-3
☎ 055-222-0141
営 11:00～14:00
　 17:00～21:30
　　※水曜は昼のみ営業
休 水曜の夜
税 込

海鮮 酒房 さけくら

一番の売りは産地直送

おいしい旬のお魚がいただける「さけくら」さん。定期的に、ご主人自ら静岡県の沼津まで競りをしに行くんです。

人気の贅沢メニュー、
鯛茶漬け 980円

カツオと昆布だし、鯛による味のマリアージュが楽しめます。開放的でおしゃれな店内は、宴会向けの席(45名)も粋な雰囲気です。
「海にこだわらず、山のものも"季節に合わせてその時の良いもの"を厳選して提供しています」と、ご主人。

その他のオススメ
新鮮な活魚の刺し盛り一人前1,600円も人気。

甲斐市西八幡1828-13
☎ 055-279-1999
営 18:00～24:00
　（LO23:00)
休 日曜
税 込

【南アルプス市】

海鮮屋 楽

県道26号線沿いから見える三角屋根の隠れた名店

産地直送のウマい魚を提供するのが、ご主人の井上佳亮さん。魚介類をメインに新鮮さに舌鼓。

一番人気料理の、活アジをベースにした、お刺し身6品盛 2,160円

いけすに入っていたアジを手早く調理し、お客さまに提供。そのためプリッとした食感で楽しめる一品です。（季節折々に盛り付け内容は変更有り）

その他のオススメ
活〆生タコお刺し身680円
活〆真鯛のお刺し身680円
殻付生カキ580円
サザエのお刺し身680円

南アルプス市西南湖 1225-2
☎ 055-284-6688
営 18:00〜24:00
　（LO23:30）
休 日曜
税 込

【 甲斐市 】

菊寿司玉幡

地域に愛され半世紀近くになる老舗です

甲斐市の廃棄道沿いにある老舗です。特徴は甘いタレを塗るおすし、山梨では昔ながらの食べ方ですよね。

上握り寿司 1,580円

甘いタレをたっぷり塗ったおすしは、シャリとのバランスがとってもいいんです。

その他のオススメ

馬もつ煮600円は、馬肉文化のある山梨らしい一品。プリプリしたもつは、かむたびにニンニクのいい香りが広がります。また、月・火・水曜(11:50～13:50)限定550円ランチ(マグロ丼と海鮮丼)、ゴーゴーランチもおススメ!!

甲斐市西八幡1187-14
☎ 055-276-5433
営 12:00～14:00
　 17:00～22:00
休 木曜
税 込

【 甲府市 】

スプンティーノ

スプンティーノはイタリア語で、軽い食事という意味

友人との楽しいひとときを過ごすのに欠かせない食文化のことです。料理は、バーテンダーからこの世界に入ったという小澤さんが心を込めて作ります。

人気ナンバー1メニューは、**アヒージョ 600円**

オリーブオイルとニンニクで具材を煮込んだ、スペインでは定番料理。

その他のオススメ

さらにおススメは、季節限定の辛くないグリーンカレー1,200円。
青唐辛子の代わりにピーマンを使用。ココナッツ風味も効いていて、見た目も味もまさにグリーンカレー。夏の季節、辛いのが苦手な人に食べてほしい。

甲府市下石田2-16-24
☎ 055-221-8844
営 19:00～午前5:00
　（LO午前4:00）
休 水曜
税 別

ごちやの花道

【 昭和町 】

お店の中は様々な形の席があり、素敵な雰囲気です

昆布巻きの明太子や一口餃子などいろいろな料理を楽しめるお店です。

ここに来たら誰もが頼む一品、
宮崎鶏の炭火焼 650円

3種類の部位を一度に楽しめる嬉しいメニュー。柚子こしょうを付けていただきます。

その他のオススメ
逸品料理以外にも、各種コース料理も取り揃えています。団体様のご利用も可能ですので、スタッフに気軽に声をかけてください。

昭和町清水新居1502
☎ 055-227-0009
営 17:00〜午前3:00
休 月曜
税 別

【 昭和町 】
Recommend Shop 063

彩's

和風モダンな雰囲気の居酒屋

ご主人の西川孝一さんは、北海道の会社と共同で全国の物産展をまわり提供しているので、日々新鮮な海の幸（珍味など）が集まってきます。

オススメな一品は、
ダチョウのフィレステーキ
1,000円

なんと、県内初のダチョウ料理のお店です。ダチョウは牛豚鶏にくらべて低カロリーで、鉄分、ミネラルを豊富に含んでいるヘルシーフードです。また肉質は牛肉の様な赤身で柔らかく、クセのない美味しさが口に広がります。

その他のオススメ

しょうゆベースの特製ダレをつけて焼いた親鶏のもも肉 600円。

昭和町清水新居1502
OBIビル1F
☎ 055-233-3122
営 17:30〜25:00
　（LO24:30)
休 水曜
税 込

ステーキ葉凪

【 北杜市 】

類いまれな経験を生かし、ステーキ店をオープン

北杜市に憧れて、千葉から移住した佐藤さんファミリー。ご主人の以前の職業は国際線のパイロット。趣味は、世界中のステーキとお酒を楽しむこと。

短角和牛のグリル (300g) 5,800円

和牛全体の1%程しか流通していない希少な「短角和牛」。きめ細やかな肉質の赤身が美味しく、牛肉本来の味が楽しめます。「このお店を笑顔の交差点にしたい」というご主人。ぜひおいしいお肉を味わってください。

その他のオススメ
肉汁がたっぷり詰まったハンバーグ 1,500円。デミグラスソースがたまりません。他にも各種ステーキ、お得なランチメニュー、本日のおすすめなども要チェック！

北杜市大泉町西井出 8240-7550
☎ 0551-38-1587
営 11:30～14:00
　 17:30～21:00 (LO)
休 夏季 第1・3月曜、火曜
　 冬季 不定休
税 込

【 北杜市 】

お好み焼き おにがわら

こちらでは関西風と広島風をいただけます

優しく迎えてくれたのは、中島さんご一家。お好み焼きが大好きというご主人の信義さんが、2000年に会社勤めを辞めて奥さまとお店を開店。

関西風お好み焼き 800円

兵庫県出身の妻・喜久子さんが担当。たっぷりのソースとマヨネーズをかけて完成。

その他のオススメ

広島風お好み焼き870円。広島風は中学・高校を広島で過ごした娘・晶子さんが担当。広島から取り寄せたという専用麺を炒め、卵と生地で挟めば完成です。この他、創作メニューも充実、大満足間違いなしです。

北杜市大泉町西井出8240-5039
☎ 0551-38-4030
営 11:30〜13:30 (LO)
　 17:30〜20:00 (LO)
休 火・水曜 (冬季休業あり)
税 込

日野水牧場 ファームハウス

Recommend Shop
066
【 北杜市 】

6,000坪の敷地は解放感たっぷり
現在、酪農は行ってませんが、その景色を眺めながら食事をいただけるのが、うれしい。

イチオシのメニューは、
ファームランチ 1,500円
（自家製ベーコンのスープ
サラダ、ふかふかパン付）

味の決め手は自家製の厚切りベーコンで、旨味がスープ全体に広がります。お店を切り盛りするのは、開拓者だったお父さんの影響でこの地に育った丈士さんとそのご家族。素敵な風景と美味しい料理、大満足です。

その他のオススメ
デザートやティータイムにオススメ、自家製プリン。プリンを目当てに訪れる人も多いのも納得。

北杜市大泉町西井出
8240-1708
☎ 0551-38-4020
営 10:00～17:00
休 水・木曜
　（冬期は休業あり）
税 込

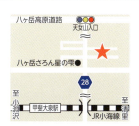

067

【 北杜市 】

とんかつ二葉

とんかつファンの間では有名店

県外からとんかつだけを目当てに来るという、料理人歴50年以上のご主人が作るのは、「正直で正しいとんかつ」。

女性に人気メニュー、
ヒレ肉の一口かつ御膳
1,800円

ご主人が調合した特製ソースをかけて、ご飯と一緒にいただきます。シンプルな作り方だからこそ、決して手を抜かないのが信条だそうです。

その他のオススメ

脂身が絶品の黒豚とんかつ御膳2,800円。脂の乗ったボリュームたっぷりなロース肉を揚げていきます。デザートにご主人が昔からずっと味を守り続けているという手作りプリン。大満足です。

北杜市大泉町西井出
8240-1790
☎ 0551-38-2802
営 11:00～13:50
　 17:00～19:50
休 木曜
税 込

ラ・パレット/My Picnic

清春芸術村の敷地の一角にあり、店内には、
芸術作品がさりげなく展示されています

Recommend Shop
068
【 北杜市 】

ベルギーサンドイッチ
600円〜（具材による）

ラ・パレット内に併設されたマイ ピクニックより、カジュアルでボリュームも満点な一品。
ベルギーサンドイッチはベルギー出身のドミニクさんが食べごたえのあるハードタイプのパンで本国の味を再現しています。器はすべて、レストランのために焼かれたオリジナルだそうです。デザートも和の器に盛られ、器も楽しみながら、おいしいお食事をどうぞ。

北杜市長坂町中丸2072
（清春芸術村内）
☎ 0551-32-5608
営 10:00〜15:00
休 月・金曜
　（9月17日〜30日）
　（祝日・繁忙期は営業）
税 込

【 北杜市 】

麦の家

こだわりは国産小麦や天然酵母を使ったパン

店主の柴田さん夫婦は、自然豊かな場所で子育てをしたいと、2006年に名古屋から移住し、カフェスペースを併設したパン屋さんを開業。

ホットドックの
ラクレットチーズ乗せ
680円

一押しなのがホットドッグ。中でも一番人気はスイス（ハイジ）の風味豊かなチーズを使用した、「ホットドックのラクレットチーズ乗せ」。ホットドックで巡る世界各国の味。ぜひあなたも挑戦してみてください。

その他のオススメ

ドイツ生まれの漬物を乗せたサワークラウト480円やサルサメヒカーナ530円…など自家製パンとの相性も抜群。

北杜市大泉町西井出
8411-17
☎ 0551-38-1707
営 10:00～17:00
休 木・金曜
税 込

ア・ラ・カンパーニュ

築100年の古民家を大改修したレストラン

畳の和室に20席以上のテーブル席で、音楽を聴きながらゆったりと食事が楽しめます。

【 韮崎市 】

ランチコース 4,000円
（前々日予約で2,700円）
前菜、サラダ、スープ、メイン、パスタ、デザート、コーヒー

美と健康を第一に自家栽培の食材と世界中の良い物を使用した本場西欧家庭料理が自慢です。

その他のオススメ

世界中の料理を食べ歩いたオーナー自慢のワインセラーには、常時200本以上の国内外のお酒があり、世界の希少なグラスでいただけます。

韮崎市龍岡町若尾新田275
☎ 0551-45-8080
営 11:30～14:00
　 17:30～22:00
休 木曜（不定休あり）
税 別

【 甲府市 】

すし・うまいもの処 伊津美

甲府で愛されているおすし屋さん

1958年10月の創業以来、腕を振るうのは小泉進さんと息子の淳紀さん。店内は清潔感があって広々としています。

ランチ1番人気は、
おまかせ10貫にぎり
1,080円(茶わん蒸し、みそ汁付)
旬のネタ入りです。

平日は主婦やサラリーマン、土日は家族連れに人気のメニューです。

その他のオススメ

おすし以外にも丼や定食などいろんなメニューがあります。人気は、まぐろかつ変わり揚げ定食950円。さっぱりとおいしく、生ものが苦手な人にもオススメです。

甲府市飯田4-1-4
☎ 055-226-6545
営 11:00〜14:00
　 17:00〜22:00
休 水曜・第3火曜
税 込

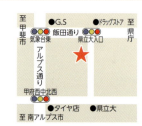

ほうとう・おざら 金 峰

【 甲府市 】

ほうとうがおいしいお店

コシとうま味が自慢の手打ち麺と、味付けは煮干しの風味に合う甲州麦みそ。そこから生まれるほうとうは絶品です。

定番のおいしさ、
肉ほうとう 1,190円

様々なトッピングメニューが選べます。
「きんぽう」という名前は先代のご主人が金峰山のお膝元、黒平出身ということで名付けたそうです。

その他のオススメ

さらに驚きのメニューが、特大の甲州牛コロッケ600円。常連は必ず頼むという大人気の一品です。甲州牛コロッケはいつでも揚げたて、病みつきになります。

甲府市徳行1-13-18
☎ 055-226-5493
営 11:00～15:00
　（LO14:30）
　17:00～21:00
　（LO20:30）
休 水曜
税 込

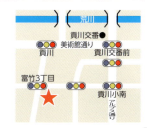

073
【 昭和町 】

焼肉 たまや 本店

できる限り価格を落とし極上のお肉を提供

元々、精肉店だったということで、極上の「松阪牛」をいただけます。

今回いただいたのは、中でも最上級のお肉、
松阪牛最優秀すき焼
6,100円 ※写真は2人前

その他のオススメ

『松阪牛最優秀カルビ 2,500円』はあぶった瞬間に、良質な脂が一気に浮かび上がる。霜降りのお肉を塩でいただくと、極上のうまみが口に広がります。
脂とお肉のうまみが凝縮された松阪牛。極上の味を堪能できますよ。

昭和町河西1107
☎ 055-275-6630
営 11:30〜14:00
　　17:00〜22:00
休 月曜
税 別

鳥割烹 鳥兆 重よし

お店は築30年以上の大きな民家風の外観

すべて和風の個室のため、落ち着いてゆっくりと食事ができるので、宴会や記念日にオススメ。ランチはお子様連れにとっても人気です。

おすすめランチは、御昼御膳
1,100円～1,400円
※お刺身・小鉢・デザート付

その他のオススメ

写真の他にも温泉卵をのせた親子丼も提供しています。そのほか、釜めし御膳もおススメ。鶏肉の味がしっかりご飯一粒一粒についていて、釜めしの醍醐味、おこげも抜群です。
夜にはおまかせコース3,500円～がオススメです。

甲斐市竜王新町2108
☎ 055-276-1133
営 11:30～14:00 (LO)
　 17:00～22:00
　 (LO21:00)
休 水曜
税 別
※10名様以上送迎有

【 身延町 】

華宴 身延店

国道52号線沿いにある、地元に愛される中華料理店

甲府市の人気店「華宴」の弟さんが経営するお店です。

一番人気のメニュー、
あんかけラーメン
780円

8種類の野菜に、ハム、うずらの卵、エビ、豚肉など具だくさん。野菜たっぷりで女性にも人気です。

その他のオススメ

そしてご主人のイチオシ、蝦仁(エビチリ)丼830円。中華の代表格！エビチリをご飯に乗せた夢の丼。
ぜひ、お試しあれ！

身延町小田船原2040-1
☎ 0556-62-2810
営 11:30～14:00
　　17:00～22:00
休 水曜
税 込

奥 藤 竜王第五分店

【 甲斐市 】

創業1969年、変わらぬ場所で伝統の味を受け継ぐ

特徴は7.5割そば。長野県のそば粉を7.5割、小麦を2.5割にすることで「のど越し」のよいそばができます。

長年お客さんの信頼を寄せる
天ざるそば 1,000円

そばの香り引き立つのど越し。爽やかです。

その他のオススメ

そして奥藤といえばおなじみ「鳥もつ」。そんな鳥もつをがっつり食べたい人に人気なのが、鳥もつそばセット1,100円。実は、好みに合わせて肉の部位を選んで注文できるんです。お好みのもつ多めを注文してみてはいかがでしょうか。

甲斐市下今井2964-1
☎ 0551-28-2503
営 11:00〜15:00
　 16:30〜19:45
休 火曜15:00終了
　 水曜
税 込

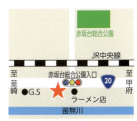

【 甲斐市 】

中華飯店 響

担々麺好きにおすすめ

お店に伺うと、坦々麺を食べている男性が…おいしそうに食べていらしたのが中華一筋50年のご主人。

ご主人が自ら溺愛する、
坦々麺800円

もちもちの平麺に絶品のスープやあんがよく絡みます。辛さは調節可能。

その他のオススメ
豚バラ肉の角煮がどーんと乗ったクールー丼850円（半750円、大1,000円）。

甲斐市龍地3579-12
☎ 0551-28-7725
営 11:00～14:00
　 17:00～22:00
休 火曜
税 込

中華料理 花苑

地域の皆さんの利用も多い、人気店です

オープンして20年。とっても気さくなご主人の伊波さんは、サービス精神も大盛りです！！

奥様お墨付きのメニューから
牛バラ丼900円

牛バラの煮込みをラー油が効いたピリ辛のあんでとろみをつけ、ご飯の上へ。柔らかく煮込まれたお肉に甘辛のタレがからみ、最後にピリ辛風味が味を引き締めてくれます。

その他のオススメ

メニューの右端につけられた小さな点がオススメのアピール。奥様がご主人に内緒でつけたものなんです。メニューの表記はさりげなくても、味のアピールは満点の花苑さんです。

山梨市上石森132-1
☎ 0553-23-3353
営 11:30～14:00
　 17:30～21:00
休 木曜
税 込

079 【 甲州市 】

手打ちうどん 信玄

勝沼で「吉田のうどん」が食べられるお店

研究を重ね、夢だった自分の店をオープン。店名は、観光客の方にもアピールしやすいようにと名付けられたそうです。

人気メニューは、信玄うどん 600円

弾力とモチモチ感ある麺に、濃いめのつゆがたまりません。なぜ吉田のうどんなのかというと、ご主人の久保川さんが吉田のうどんが大好きだから。

その他のオススメ

夜は居酒屋として営業していて、500円均一のワンコインメニューが充実。自家製麺をカリカリに揚げた、うどん揚げや鳥もつも絶品です。

甲州市勝沼町綿塚600-1
☎ 0553-44-3368
営 11:30〜14:00
　　※麺がなくなり次第終了
　　17:30〜21:30
休 水曜
税 込

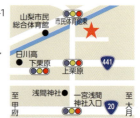

【 甲州市 】

清水亭 (せいすいてい)

和風モダンの柔らかい雰囲気の店内

店内は、ご主人のセンスが凝縮されています。今回はご主人のおすすめランチメニュー二品を紹介していただきました。

見た目も繊細で美しい、
海鮮五目ちらし寿司
850円

中でもイチオシのネタがマグロ。いい脂が乗っています。

その他のオススメ

もう一つの人気メニュー、特大海老2本と野菜の天丼850円。特大の海老や野菜を天ぷらにして、アツアツのご飯の上にのせ、自慢のタレをかけたら完成、大満足です。また会席コース（3,000円～・要予約）も人気です。

甲州市勝沼町山128-2
☎ 0553-44-5354
営 11:30～14:00 (LO13:30)
　17:30～22:00 (LO20:30)
※夜は要予約
休 火曜
税 込

【 山梨市 】

グリーン・テーブル・カフェ

農園のフレッシュな果物を使った料理やスイーツ

やまなし内藤農園の桃畑の中にあり、のどかな雰囲気の中でいただける贅沢なカフェです。

完熟桃と生ハムの冷製パスタ 1,500円

農園で採れた完熟桃とピーチネクターで作ったソースを麺に絡め、とれたての桃まるごと1個と生ハムをトッピングして完成です。

その他のオススメ

生ハムとシャインマスカットの豆乳クリームパスタは、見た目も鮮やかで人気の一品。さらに、旬のブドウをふんだんに使った、巨峰とシャインマスカットとゴルゴンゾーラのピザは、2種類のブドウのコラボレーションがたまりません。収穫の始まる9月からのメニューです。

山梨市三ヶ所185-1
☎ 0553-34-9030
営 9:30〜16:30
　（LO15:30）
休 無（7〜9月のみ営業）
税 別

ガキ大将 塩山店

082
【 甲州市 】

独自のメニューを展開
各地にお店がある「ガキ大将」ですが、塩山店は現在チェーンとしての営業はしておらず、独創的なラーメンを展開。

豚トロチャーシュー
1,118円

出汁が効いたスープが染み込んだ豚とろの繊細な脂身の旨味がたまりません。熱血のラーメン職人、望月公夫さんが次々と生み出している、地元の食材を使った期間限定ラーメンも人気。

その他のオススメ
天空かぼちゃラーメン864円は、甲州市内で栽培された甘いかぼちゃを味噌味で仕上げ、さらに驚きの地産地消ラーメンが、山梨市産のレモンを使ったレモンラーメン918円。ぜひこちらもご堪能あれ。(期間限定)

甲州市塩山下於曽1539-2
☎ 0553-33-8851
営 11:00-15:00 (LO14:30)
　 17:00-24:00 (LO23:30)
　 土日祝のみ
　 11:00～24:00 (LO23:30)
休 無(年末年始を除く)
税 込

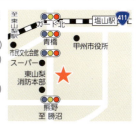

083 【 大月市 】

濱野屋

大月駅前の老舗

大月駅が開業した明治35(1902)年の2年後に割烹旅館として創業。1階と2階に食事処と居酒屋があります。

野菜や鶏肉がたっぷり入った看板メニュー
五目釜飯の刺身天ぷらセット 1,730円

お肉や野菜の出汁が染み込んだご飯は、噛む度にいい香りが口いっぱいに広がります。

その他のオススメ

ご当地料理、おつけだんご1,250円。野菜や小麦粉の団子などを入れて煮るのですが、カキやホタテなどの海鮮を贅沢に使うのが濱野屋流。昔懐かしい味噌味と海鮮が組み合わさり、まるで新しい料理のようです!!

大月市大月1-3-3
☎ 0554-22-1372
営 割烹11:00～21:00
　 居酒屋16:00～24:00
休 無(年末年始を除く)
税 別

吉田屋

084

【 大月市 】

創業は明治時代、ご主人の祖父が開業

うどんを打つのはご主人。祖父の教えを受け継ぎ、一切手を抜かない伝統の打ち方で、吉田のうどんの特徴である、コシを生み出します。

吉田屋さん特製、
カレーうどん 700円

歯ごたえとコシのある麺とカレーが絡み合い、文句なしの美味しさです!!

その他のオススメ

常連さんに人気の青唐辛子入り辛みダレ、ピリリと辛い唐辛子の薬味、ほんのり甘い黒ゴマと山椒風味のスリダネで味の変化も楽しめます。パンチのある辛みダレは、ほんの少し入れてもとても刺激的です！定番のかけうどん500円もおススメです。

大月市大月3-1-15
☎ 0554-22-0071
営 11:00〜
　　※麺がなくなり次第終了
休 月曜
税 込

【 都留市 】

菊 翠 (きくすい)

実は、二つの国の料理が楽しめるお店

地元で評判の中国料理店には、イタリア国旗が掲げられているんです。
中華料理は店主のお父さまが、イタリアンは息子さんが担当。

イタリアンは、
イタリア産唐辛子の
ペペロンチーノ
ベーコン入り 1,000円

中華からは、
竹の子の肉炒め
1,400円

そんなお二人の自慢の料理を、
ぜひ食べにきてください。

都留市上谷1-3-14
☎ 0554-43-4521
営 11:30〜13:30
　 17:00〜21:00
休 水曜
税 別

レストラン 鎌倉

この地で30年以上愛され続ける洋食屋さん

創業当時から大人気の自慢のメニュー、それがハンバーグ！
肉厚でジューシーな逸品です!!

煮込みハンバーグ 1,490円

3週間かけて作ったデミグラスソースをたっぷりとかけ、オーブンで10分。

その他のオススメ

魚介の風味豊かなサフランライス（ピラフ）880円。シーフードの香りがたまらなく、ハンバーグとの相性もばっちりです！寒くなる季節に絶対おススメです！

都留市上谷5-9-15
☎ 0554-45-1131
営 11:30〜21:30
休 木曜
税 込

Recommend Shop 087
【 都留市 】

和風レストラン 高野

ポークソテーが絶品

創業30年余り、落ち着いた雰囲気の通いやすいお店です。
ポークソテーが絶品！と聞いて伺いました。

一番人気のメニュー、
ポークソテー定食
1,680円

ボリュームは1枚250グラムとまるでステーキ級。
特製ダレは、基本しょうゆベース。
研究に研究を重ねたこだわりの調合なんです。

その他のオススメ

国産豚のヒレ肉を、市内のパン屋さんに特注したパン粉で揚げたヒレカツ定食1,680円や、カレーうどん880円。
どれを頼んでも、感動ありのメニュー！

都留市上谷6-11-18
☎ 0554-43-3517
営 11:30〜14:00 (LO)
　 18:00〜21:00 (LO)
　 ※土・日・祝のみ17:00〜
休 水曜
税 込

寿司 もちづき

【 都留市 】

店内は、とってもきれいで明るい雰囲気

ご主人は、地元でおすし店を構えて20年以上。お客さまに本物を食べてもらいたいというのが信条。おすすめの握りをいただきました！

もちづき特製の、
上弦の月 2,000円

その他のオススメ

忘れちゃいけない穴子の握り1,200円〜（時価）。江戸前の穴子をふっくら煮て、直前にさっとあぶる。これに創業から継ぎ足しているタレ、これがすごい。究極の味わいです。

都留市つる1-5-17
☎ 0554-43-2764
🍴 12:00〜13:30 (LO)
　　17:00〜22:00 (LO)
休 月曜
税 別

089

【 都留市 】

創旬割烹 光 千（こうせん）

自宅を改装した店内は、とっても落ち着いた雰囲気

出迎えてくれたのは、店主の奥脇公千さんとお母さまで女将の和子さん。
店主は、都内のホテルや県内有名旅館で腕を磨き、2005年に独立。

旬の刺身盛り合わせ（5種）2,000円

今回ご紹介するのは、その時々の旬の魚介。見た目も美しい。

その他のオススメ

ほとんどのお客さんが注文する、創作コース料理 3,000円。前菜・刺し身の5点盛り合わせ・焼き物・煮物・揚げ物・主食・デザートの全てが目でも舌でも楽しめる、季節感満載の品々。旬の味を、ゆったりとした気分で堪能できます。

都留市下谷4-2-20
☎ 0554-43-8805
営 17:00〜22:00
　　※ランチは要予約
休 日曜
税 別

広島風お好み焼き　ぱんじゃ

ほっこりとした雰囲気が魅力です

お店は、ご主人の宮下武人さんのお母さま・ゆきさん、奥さまのしのぶさん、妹さんの美奈さんで切り盛りしています。

【富士吉田市】

人気メニューは、広島風お好み焼き
広島風ミックス焼き
（焼きそば入り）**1,110円**

蒸し焼きされた甘いキャベツに、エビ・イカ・タコ。感動する事間違いなしの味わいです。
あつあつふわふわのお好み焼きをアットホームな雰囲気で、ご家族でわいわい食べるのも楽しいですよ。

その他のオススメ
人気急上昇のふわっと焼き1,330円。炒めた一口大のアボカドとトマト入り。

富士吉田市上吉田1096-3
☎ 0555-22-8138
営 11:30〜22:00
休 火曜
税 別

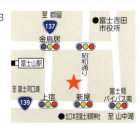

Recommend Shop
091
【 甲府市 】

ラーメン 由

鶏がら、豚骨、魚介から極上の旨み成分を抽出

女流職人の藤巻由貴子さんとパートナーの一紀さんとで作るラーメン。化学調味料を一切、使っていないスープが自慢です。

看板メニューが、
醤油ラーメン 820円

毎日食べたくなる思いやりの一杯。
みなさんも召し上がってみませんか。

その他のオススメ
特製味噌ラーメン 920円。

甲府市住吉5-19-9
☎ 055-241-5302
営 水〜金 11:00〜14:30
　 土・日 11:00〜14:30
　 ※お昼のみの営業。
　　 売り切れ次第終了。
休 月・火曜
税 込

らーめん次郎冠者

092
【 甲府市 】

マイアレンジが楽しめるお店
美味しいことはもちろんのこと、野菜の量が選べるんです。少なめ・普通・大盛・メガ盛りの4段階！

人気は、
じろうらーめん
740円

メニューにはないメガ・ギガ・テラ盛りが特にすごい量なんですよ。たとえるなら、富士山！また女性に嬉しい、味はそのまま、麺が半分のハーフサイズもあります。
好きな量だけ注文できるので、みなさんも、がっつり感を味わってみてはいかが。

その他のオススメ
チャーシューの旨みが引きたつ、まぜそば690円も負けない人気。

甲府市上阿原町312-6
☎ 055-237-2626
営 11:30～22:30
　（LO22:00）
休 不定休
税 込

Recommend Shop 093
【市川三郷町】

あめ家食堂

食堂を営むこと50年と歴史のあるお店

県道9号線岩間駅前信号交差点の角に位置するあめ家食堂さん、「あめ家」とは先代が飴を販売していたときの屋号だそうです。

人気の、
タンタン油そば 680円

特注で作った平打ち麺を、予め味付けし、挽き肉・野菜をたっぷりとのせた、ピリッと辛い一品。大盛りではないかと間違うほどのボリューム。飲み会の後にも食べて帰るお客さんも多いほどの人気商品。

その他のオススメ
五目そば580円。

市川三郷町岩間1991
☎ 0556-32-3158
営 11:30～14:00
　 17:30～20:00
休 日曜
税 込

甲州 完熟屋

地域に残る築120年の古民家を改装

甲州市塩山に2014年にオープン。
ゆったりと食事ができるモダンなお店です。

【 甲州市 】

甲州 竹かご御膳
1,680円

「完熟屋」さんは農業生産法人直営で、地物の野菜を新鮮なうちに提供する、新しい郷土料理店を目指しているそうです。つくねに使う卵も、自社で育てる鶏が産んだ新鮮な卵。また、自家製味噌を使ったほうとう、山梨名産の甲斐サーモンもご賞味ください。
古民家の温かい雰囲気と山梨の郷土料理をお楽しみください。

甲州市塩山赤尾671
☎ 0553-39-9651
営 平日　11:30～15:00
　　土日祝11:00～15:00
　　　　　17:30～23:00
休 水曜
税 別

Recommend Shop
095
【富士河口湖町】

割烹 長濱旅館 Diningさくら

地下のワインカーブを彷彿させる琉球漆喰の癒やしの店内

今回注目したのは「富士まぶし」。西湖産のヒメマスを米粉の衣で唐揚げにして、地元のお米と富士山の伏流水で作った炊き込みご飯です。

何度も美味しい、
富士まぶし御膳
(ヒメマス)1,800円

まずは身をほぐしながらヒメマスを"まぶし"、一膳目はそのままマスの香りを楽しんで、二膳目は好みの薬味と一緒に、三膳目は出汁をかけてと味の変化を楽しみます。

その他のオススメ
ヒメマス以外にもニジマスを使った富士まぶし御膳1,400円も人気です。

富士河口湖町長浜795-1
☎ 0555-82-2128
営 11:00～14:00
　※ランチは予約で開店
　18:00～22:00
休 無
税 込

ラーメン酒場 藤 桜

人呼んで「日々進化するラーメン」！

オープンは2014年4月。腕を振るうのは藤巻大仁さん。ラーメン激戦区、神奈川県で修業を積み、念願だったお店を開店、移転をして完成形が出来ました。

【 韮崎市 】

おすすめは、
藤桜塩白湯(しおぱいたん)
ラーメン 800円

特製塩ダレの隠し味は、ドライトマトのうま味と生しょうがのやさしいスープ。

その他のオススメ
藤桜しょうゆラーメン700円。コクがあるにも関わらず、後味さっぱり。そしてふわっと鶏としょうがの風味が食欲をそそります。そのほか、チャーシュー丼もおすすめですよ。

韮崎市藤井町駒井2064
☎ 090-3548-3608
営 12:00～14:00
　　18:00～
休 月・日曜夜
　（祝日の場合は翌日）
税 別

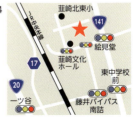

Recommend Shop 097
【 笛吹市 】

中国小館 味 来（みぃらい）

手頃で美味しい本格中華が味わえるお店

1990年開業の中華料理店。店の名前は「みらい」ではなく「みぃらい」。ご主人がお一人で切り盛りされています。

イチオシのメニューは、
黒坦々麺 750円

濃厚で麺によくからむスープ。パンチの利いた辛味がたまらない一品です。

その他のオススメ

人気はランチタイムセットメニューに付いてくる半丼！半分とはいえボリューム充分です。さらにマーラー豆腐880円もおすすめ。マーラー醤の全身を駆け巡るような辛味が後を引きます。手頃で美味しい本格中華が味わえるお店です。

笛吹市石和町四日市場1810
☎ 055-263-8825
営 11:30〜14:00
　（平日のみ）
　18:00〜25:00
休 月曜
税 込

田舎の小さなレストラン 夢追い人

Recommend Shop
098
【 笛吹市 】

まさに隠れ家といった雰囲気

境川の山の中麓に佇む、まさに隠れ家といった雰囲気。笑顔が素敵な伊藤善徳さん、勝子さんご夫婦のお店です。

地元の食材をふんだんに使った、
ランチセット 950円〜
（写真は「境川ランチ」）

手際よく調理をすすめてくれるのは、熟練シェフの米倉智さん。シェフの作る料理は、地元野菜の前菜にメインの魚とお肉、豪華です。

その他のオススメ

人気のジャンボ海老フライセットは、大きなエビフライにハンバーグステーキ、ポークジンジャー、チキンソテー、グラタンから1品をチョイス出来ます。気になるお味は、一人占めしたくなる美味しさ！そして童心に帰れる、そんなお店です！

笛吹市境川町小黒坂
1880-2
☎ 055-266-3863
営 11:00〜14:00
　　17:00〜20:00（LO）
休 火曜
税 昼：込、夜：別

甲府エリアmap

（ ）内の数字は掲載ページ。

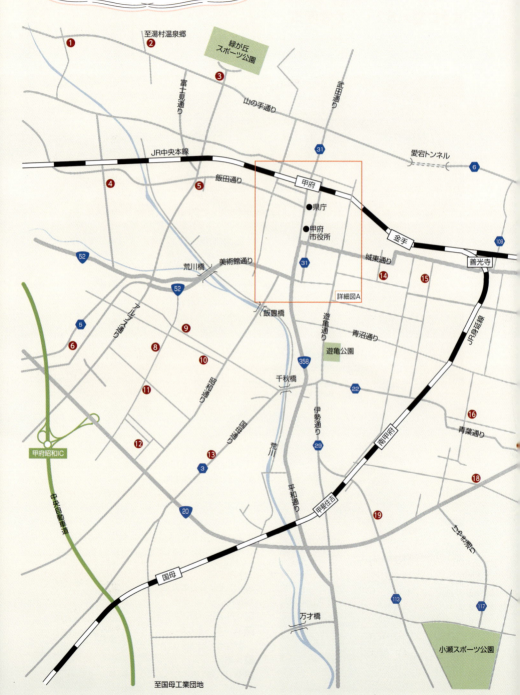

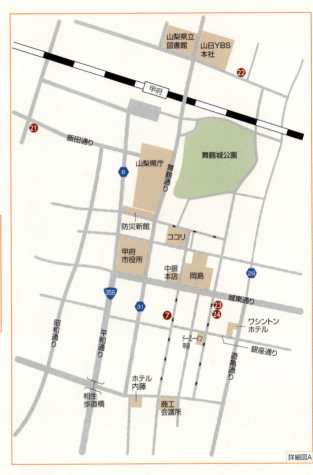

- ❶ 夫婦 (P61)
- ❷ 菊水 (P27)
- ❸ 大善 (P30)
- ❹ 華宴 (P47)
- ❺ 伊津美 (P78)
- ❻ 金峰 (P79)
- ❼ TROLL (P17)
- ❽ 竜由 (P64)
- ❾ げん (P48)
- ❿ 今人 (P7)
- ⓫ スプンティーノ (P68)
- ⓬ 紅蘭 (P25)
- ⓭ 八兵衛 (P6)
- ⓮ 若奴食堂 (P49)
- ⓯ 三角屋 暖 (P10)
- ⓰ いち (P9)
- ⓱ 華膳 (P62)
- ⓲ 三叉路 (P8)
- ⓳ 由 (P98)
- ⓴ 次郎冠者 (P99)
- ㉑ くだん (P28)
- ㉒ 鉄板genten (P22)
- ㉓ コットンクラブ (P29)
- ㉔ アルフィー (P20)
- ㉕ 川田奥藤 第二分店 (P26)

107

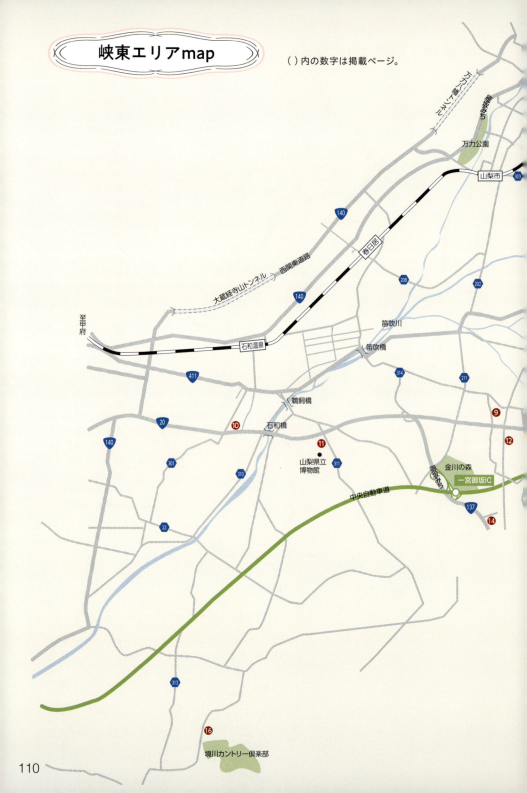

- ❶ 甲州完熟屋(P101)
- ❷ ガキ大将 塩山店(P89)
- ❸ 花苑(P85)
- ❹ グリーン・テーブル・カフェ(P88)
- ❺ 清水亭(P87)
- ❻ 手打ちうどん信玄(P86)
- ❼ パパソロッテ(P35)
- ❽ つぐら舎(P33)
- ❾ カフェ ココチ(P40)
- ❿ 味来(P104)
- ⓫ しゃれ(P50)
- ⓬ こくぶ亭(P39)
- ⓭ マルサマルシェ(P38)
- ⓮ ローズファーム(P37)
- ⓯ そばの実(P34)
- ⓰ 夢追い人(P105)

郡内エリアmap

（　）内の数字は掲載ページ。

- ❶ 吉田屋(P91)
- ❷ 濱野屋(P90)
- ❸ 光千(P96)
- ❹ 寿司もちづき(P95)
- ❺ 菊翠(P92)
- ❻ 鎌倉(P93)
- ❼ 高野(P94)

❽ レイクベイク(P41)
❾ Dining さくら(P102)
❿ CISCO(P42)
⓫ ぱんじゃ(P97)

あとがき

　本書はYBS山梨放送が制作している番組「山梨ライブ ててて！ＴＶ」のコーナー「水曜はらペコ横丁！」を書籍化したものです。2017年3月に「そのいち」を出版しご好評をいただき、このたび「そのに」を発刊する運びとなりました。
　お店の紹介によりリレー方式でつながっていく「はらペコ横丁！」は、同番組の人気コーナーとなっています。山梨放送のアナウンサーが直接お店に伺い、料理のおいしさやこだわりはもちろん、店内の雰囲気や店主様らとの会話を楽しくお伝えしています。
　本書では「そのいち」から続く、98店を基本的に紹介順で掲載しています。
　お店選びや山梨のグルメ巡りの際、この本が皆さまのお役に立てたら幸いです。

平成30（2018）年10月31日　第1刷発行

協力　山梨放送
編集
発行　山梨日日新聞社
　　　〒400-8515　甲府市北口二丁目6-10
　　　電話 055（231）3105（出版部）
印刷　サンニチ印刷

※落丁乱丁の場合はお取り替えします。上記宛にお送り下さい。
　なお、本書の無断複製、無断使用、電子化は著作権法上の例外を除き禁じられています。
　第三者による電子化等も著作権法違反です。

©Yamanashi Nichinichi Shimbun.2018
ISBN978-4-89710-493-5

ISBN978-4-89710-493-5

C0077 ¥1100E

定価:本体1,100円+税